AF509306

ISMENE
ET
ISMENIAS;
TRAGEDIE
EN TROIS ACTES,

Représentée devant LEURS MAJESTÉS,
à Choisy, le Lundi 13 Juin 1763;

ET POUR LA PREMIERE FOIS,

PAR L'ACADÉMIE-ROYALE
DE MUSIQUE,
Le Mardi 11 Décembre 1770.

PRIX XXX. SOLS.

AUX DÉPENS DE L'ACADÉMIE.
A PARIS, Chés DE LORMEL, Imprimeur de ladite Académie, rue
du Foin, à l'Image Sainte Genevieve.
On trouvera des Exemplaires du Poeme à la Salle de l'Opera.

M. DCC. LXX.
AVEC APPROBATION ET PRIVILEGE DU ROI.

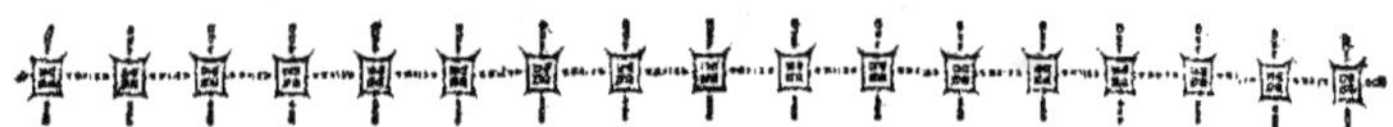

Les Paroles *font* de M. *LAUJON*, Secrétaire
des Commandemens de S. A. S. M. le Comte
de Clermont.

La Mu*fi*que de M. * * *

AVERTISSEMENT.

CE sujet eſt tiré des amours d'*Iſmene & d'Iſme-nias* ; la Fête de Jupiter, *Iſmenias* choiſi pour la célebrer, *Iſmene* chargée de le recevoir & de lui rendre des honneurs au nom du peuple ; leur amour mutuel, époque de leurs malheurs, ſont les incidents que l'on a choiſis, comme les plus propres à conſerver dans ce ſujet l'unité de lieu : ce qu'on a donc emprunté du roman ſe réduit à l'extrait ſuivant, où le traducteur dit, en parlant des peuples d'Euricôme : » Jupiter les protege, tous les dieux » les cheriſſent ; par une ancienne coûtume, ou par » une loi inviolable, ils aſſemblent, tous les ans, » dans le temple de Jupiter, les jeunes garçons de » leur ville qui n'ont point encore aimé ; on en » choiſit au ſort parmi eux pour aller annoncer ſa » fête aux villes voiſines : il faut que, maîtres de » leurs cœurs, ils reviennent indifferents, comme » ils ſont partis ; ſi quelqu'un manque à ce devoir » eſſentiel de ſon emploi, un châtiment ſévere » attend le prévaricateur à ſon retour. «

Il n'eſt point mention dans le roman, d'*Aʒaris*, roi d'Euricôme ; mais en reſſerrant l'action dans

A ij

les bornes de la fête de Jupiter, on a cru devoir donner à *Ifmenias* un rival, qui le met dans la néceffité, ou de perdre ce qu'il aime, ou de faire fon aveu à *Ifmene*, dans le jour prefcrit pour la fête & choifi par le roi pour fon himen ; c'eft auffi ce qui a déterminé à fubftituer au perfonnage de *Cratifthene*, ami d'*Ifmenias*, celui de *Themiftée*, comme plus intéreffé à veiller fur la gloire de fon fils, & plus éclairé fur fes périls ; les confeils de la nature font toûjours plus preffants que ceux de l'amitié.

Enfin l'auteur a cru pouvoir fe permettre moins d'exactitude fur les faits, dans un fujet tiré d'un roman, qu'il ne s'en feroit permis dans un fujet hiftorique.

ACTEURS CHANTANTS.

DANS LES CHŒURS.

CÔTÉ DU ROI.

Mesdemoiselles. Messieurs.

du Puis.	Héri.
d'Hautrive.	Cailteau.
Garrus.	Candeille.
d'Avantois.	Van-Hecke.
le Bourgeois	Vatelin.
de Laurette.	Beghaim.
Durand.	Larffure.
Fontenet.	Larlat.
Renard.	Robin.
Girardin.	Méon.
Veron.	Botfon.
le Queulx.	Cleret.
Beauvernier.	Tacuffet.
Héri.	Royer.
	Fradelle.
	Cazal.

CÔTÉ DE LA REINE.

Mesdemoiselles. Messieurs.

Reich.	l'Écuyer.
Floquet.	Albert.
Hebert.	Tourcati.
l'Etienne.	Pâris.
d'Agée.	Lagier.
des Rofieres.	Ghuiot.
Jouette.	Capoi.
de l'Or.	Martin.
Chenais.	Marnieffe.
Denis.	Boi.
Rouxelin.	Laurent.
Thibaut.	Huet.
S. Julien.	Parant, c.
	Itaffe
	Baillion.
	Jalaguier.
	Jouve.
	Noelle.

ACTEURS.

AZARIS, *roi d'Euricôme,*   M. Gelin.

ISMENIAS, *envoyé des Dieux,*   M. Le Gros.

THEMISTHÉE, *pere d'Ismenias, & grand Sacrificateur,*   M. l'Arrivée.

ISMENE, *princeſſe d'Euricôme,* Mlle. Beaumeſnil.

LA PRÊTRESSE *du temple de l'Indifference,*   Mlle. Roſalie.

L'AMOUR,   Mlle. Roſalie.

UNE BERGERE,   Mlle. Vincent.

CHŒUR *des filles d'Euricôme.*

CHŒUR *de Sacrificateurs.*

CHŒUR *de Prêtres de l'Himen.*

OMBRES *d'amants malheureux, de Médée, de Jaſon, de Créuſe ; la Jalouſie, le Déſeſpoir, la Vengeance, leur ſuite.*

PEUPLES *de* CORINTHE.

NYMPHES *de* DÏANE.

BERGERS & BERGERES.

MINISTRES *de* JUPITER.

PLAISIRS & JEUX.

La Scêne eſt à EURICÔME.

PERSONNAGES DANSANTS.

ACTE PREMIER.

PREMIER DIVERTISSEMENT.

JEUNES FILLES D'EURICOME.

M.lles DUPEREI, D'ERVIEUX, NIEL.

M.lles Louison, le Roi, de Lorme, Thevenet, Granier, Sidonie, Buré, Lalin.

SECOND DIVERTISSEMENT.

PEUPLES D'EURICOME.

M. GARDEL.

M.rs Gallet, Beaulieu, River, Aubry, Duchesne, Fay, Guillet, Henry.

M.lles Perseval, Duchesnois, le Bel, Henriette, Dumesnil, d'Auvillier, Sophie, Isoire.

ACTE SECOND.

MÉDÉE,	Mlle. ALLARD.
JASON,	M. VESTRIS.
CRÉUSE,	Mlle. GUIMARD.
LA JALOUSIE,	Mlle. PESLIN.
LA VENGEANCE,	Mlle. ASSELIN.
LE DESESPOIR,	M. DUPRÉ.

Trois DIVINITÉS INFERNALES *qui apportent*

Le fer,	M. DELAISTRE.
Le feu,	M. LEGER.
Le poison,	M. ROGIER.

PEUPLES de CORINTHE,
SUIVANTS de JASON.

M^{rs}. Duchaisne, Abraham, Hennequin, l. Hennequin, c., le Fevre, Trupti, le Roi, 2me. Simonet.

Mlles. Auberte, Martin, Rosé, de Miré, Hidou, d'Auvilliers, Adeline, Desforges.

SUITE de CREUSE.

M^{rs}. Beaulieu, Gallet, Granier; Dossion.
Mlles. Delfevre, Blondeval, le Fort, le Clerc.

LES DEUX ENFANTS DE MEDÉE.

M. MONGAULTIER.

Mlle. GRANIER.

SUITE de la JALOUSIE.

M^{rs}. Huart, Fay, Rivet, Martinet, Liesse, Giguet, Balderoni, Henri, le Roi 1er. Danguy, Caster, Guillet.

ACTE

ACTE TROISIÉME.

PREMIER DIVERTISSEMENT.

BERGERS & BERGERES.

M. Gardel, Mlle. Guimard.

M. Simonin, Mlle. Duperey.

M^{rs}. Doſſion, Hennequin, l., Habraham.
Mlles. Lafond, le Clerc, Desforges.

PASTRES & PASTOURELLES.

M. de Laistre, Mlles. Allard, Peslin.

M. Malter, Mlle. Pitrot.

M^{rs}. Giguet, Lieſſe, Hennequin, c.
Mlles. Louiſſon, le Roi, Sidonie.

PEUPLES.

Mlle. Asselin.

M^{rs}. Leger, Rogier, Granier.
Mlles. Delfevre, Roſé, Buart.

B

SECOND DIVERTISSEMENT.

PLAISIRS & JEUX qui se joignent aux PEUPLES & aux BERGERS.

M[rs]. Le Monier, le Doux, Giroux.

Mlles. de Lorme, Thevenet, Buré.

ISMENE

ET

ISMENIAS,

TRAGÉDIE.

ACTE PREMIER.

Le Théâtre repréfente le Palais des Miniftres de Jupiter, à Euricôme,

SCÉNE PREMIÉRE.

THEMISTHÉE, ISMENIAS.

THEMISTHÉE.

A De nouveaux honneurs cet heureux jour t'appelle;
Miniftre du maître des Dieux,

Tu viens nous annoncer fa fête folemnelle :
Les peuples voifins de ces lieux,
Ont déjà, par tes foins, vu couronner leur zele ;
Du fruit de tes vertus nous jouïrons comme eux.

I S M E N I A S.

A mes ferments vous me verrés fidele.
Ce jour va terminer mes travaux glorïeux ;
Dût l'Amour en courroux, fur mon âme rebelle,
Venger un jour le mépris de fes feux !
Dût mon cœur en gémir, je remplirai vos vœux !

T H E M I S T H É E.

Trïompher de l'Amour eft un effort extrême ;
Je redoutois pour toi fes charmes dangereux :
Mais qu'il m'eft doux de voir un fils que j'aime,
Préférer le plaifir de faire des heureux,
A celui de l'être lui-même !

I S M E N I A S.

Choifi pour offrir votre encens ,
C'eft à moi d'ignorer fi l'amour a des charmes ;
Je ne dois point aimer , je le fçais ; & je fens
Ce qu'un moment d'oubli me coûteroit de larmes.

T H E M I S T H É E.

Sûr de ton cœur , le mien eft fans allarmes.

Nos peuples empreffés vont te combler d'honneurs;
Je m'éloigne, à regret, dans ces moments flatteurs:
Mais, au temple, Azaris va nommer notre reine.
Quel préfage pour nous, pour notre fouveraine,
Qu'un jour où Jupiter nous promet fes faveurs!

(Il fort.)

SCÉNE II.
ISMENIAS, feul.

POurquoi, cruel Amour, t'oppôfer à ma gloire?
    Vois ce qu'elle coute à mon cœur!
    Lui-même te fert de vengeur,
    Il me fait pleurer ma victoire.

Ifmene d'un regard avoit fçu m'enflammer;
    Le devoir, ou plûtôt l'abfence,
Avoit éteint ces feux qui devoient m'allarmer,
Mon retour en ces lieux détruit mon efperance;
Ma flâme, malgré moi, femble s'y rallumer.
Pourquoi, &c.

Ifmene vient; mon cœur contraignés bien vos feux!
Dans le fecret, du-moins retenés-les encore!
Vous ne fentés que trop, combien il eft affreux
De s'offrir en coupable à des yeux qu'on adore.

SCÉNE III.

(ISMENE vient à la tête de la jeuneſſe d'Euricôme rendre hommage à ISMENIAS.)

ISMENE, *troupe de filles d'Euricôme*, ISMENIAS, CHŒUR.

ISMENE, avec le CHŒUR.

(à ISMENIAS.)

DE nos cœurs
Recevés l'hommage !
(Aux filles d'Euricôme, montrant ISMENIAS.)
Sur ſes pas répandons de ſleurs !
Notre bonheur doit être ſon ouvrage,
Peut-on lui rendre trop d'honneurs !
Des Dieux, c'eſt partager le plus doux avantage,
Que de diſpenſer leurs faveurs.

(On danſe.)

ISMENIAS.

Je ne mérite pas les honneurs qu'on m'adreſſe ;
Hélas ! puiſſent vos juſtes vœux
S'élever par ma voix juſqu'au trône des Dieux !
S'ils n'aidoient à notre foibleſſe,
Qui pourroit leur offrir un encens digne d'eux !

(La ſuite d'ISMENE ſe retire.)

SCÊNE IV.
ISMENE, ISMENIAS.

ISMENE.

Ismenïas, vous semblés peu flatté
Des honneurs que vous rend un peuple qui vous aime.

ISMENIAS.

Rien n'est égal à ma gloire suprême ;
Couronné dans ce jour des mains de la beauté,
L'excès de ma félicité
Séduiroit Jupiter lui-même.
Mais quand il faut toûjours songer
A se garder, à se deffendre
Du plaisir trop flatteur que le cœur peut y prendre,
La gloire est bien près du danger.

ISMENE.

Vous trouvés dans l'indifference
Le seul bien qui flatte vos vœux.

ISMENIAS.

Hélas ! l'Amour, qui s'en offense,
M'a fait pressentir sa vengeance
Dans l'image d'un songe affreux.

Dans son temple j'ai cru voir ce Dieu redoutable
Environné d'amants heureux.

L'image du bonheur alloit faire un coupable.

Je veux fuir . . . . l'Amour gronde , & son courroux
m'accâble.

A peine , à pas tremblants , je reviens à l'autel ,
Que je vois Jupiter , armé par la vengeance . . . .
Dieux puissants, qui de vous va punir un mortel !

I S M E N E.

O ciel !

I S M E N I A S.

Je frémissois . . . l'Amour prit ma deffense.
Je crois le voir encor pénetrer dans les cieux ,
Désarmer Jupiter , me blesser à ses yeux ,
Et me dire en vainqueur : » Adore ma puissance
» A la face même des Dieux.

I S M E N E.

L'Amour voudroit en vain vous inspirer sa flâme,
Vous bravés tous les traits dont il pourroit s'armer.
Il ne peut soûmettre votre âme ;
Il voudroit au-moins l'allarmer.

(*On entend une simphonie.*)

Mais quels concerts ?

ISMENIAS.

ISMENIAS.

Le peuple en ces lieux vient se rendre.

ISMENE, à part.

Ciel, quels pressentiments !

ISMENIAS.

Viendroit-il vous apprendre
Que le Roi vous éleve au trône de ces lieux ?
Il doit vous couronner, si son choix est le nôtre.

ISMENE.

N'allarmés pas un cœur qui rassûroit le vôtre.
L'éclat n'est pas toujours ce qui remplit nos vœux.

SCÉNE V.

(Les peuples d'Euricôme viennent annoncer à
Ismene qu'elle est choisie pour reine.)

ISMENE, ISMENIAS, *les* PEUPLES,
THEMISTHÉE, AZARIS, *qui arrive*
sur la fin du divertissement.

THEMISTHÉE, avec le CHŒUR.

Ismene on vous appelle au trône,
Le ciel nous fait déjà ressentir ses faveurs,

Au gré de nos defirs recevés la couronne.

THEMISTHÉE & ISMENIAS, avec le Chœur.

Eh!qui peut mieux que vous régner fur tous les cœurs?

ISMENE, aux Peuples.

L'honneur que je reçois a de quoi me confondre ;
Mais fur un choix qui réunit vos vœux,
C'eft au Roi que je dois répondre.
(*A part, regardant* ISMENIAS.)
Ifmenïas partage-t-il mes feux?
Pour éprouver fon cœur laïffons finir les jeux.

(*On danfe.*)

(*Pendant cette Fête,* ISMENE & ISMENIAS *paroïf-*
fent plongés dans une rêverie, dont ils ne fortent
que pour s'obferver mutuellement.)

AZARIS, en arrivant.

Célebrés votre Souveraine,
Peuples foûmis à mes loix,
Tous vos cœurs étoient pour Ifmene,
Et l'Amour, dans le mien, avoit gravé leur choix.
Célebrés votre fouveraine.

AZARIS, en montrant ISMENE.

Que la Beauté
Reçoive en ces lieux notre hommage !

De la divinité
Eſt-il un plus heureux ouvrage
Que la Beauté ?

De l'univers, quand on fit le partage,
L'Amour n'eut point d'empire limité,
Il ne voulut pour appanage
Que la Beauté.

ISMENE , au roi.

Honorés moins mes foibles charmes,
Choiſiſſés un objet digne de vos bienfaits;
(*Laiſſant échapper un regard ſur* ISMENIAS.)
La ſeule indifference a pour moi des attraits :
L'Amour à mes regards n'offre que des allarmes;
Permettés que mon cœur ſe conſacre à la paix.

(*Elle ſort.*)

AZARIS, en la ſuivant.

N'eſperés pas que je vous abandonne.

LE CHŒUR, en la ſuivant.

Iſmene, on vous appelle au trône, *&c.*

SCÊNE VI.

THEMISTHÉE, ISMENIAS.

ISMENIAS.

Croyés vous qu'Ismene s'engage....

THEMISTHÉE.

L'himen de ces amants doit combler tous tes vœux.
Conçois-tu quels honneurs ce beau jour te préfage ?
Tu dois préfider à leurs nœuds.

ISMENIAS, *à part.*

Dieux !

THEMISTHÉE.

On ne peut te ravir l'avantage
D'unir à nos autels ce couple glorïeux.

ISMENIAS, *à part.*

Je frémis.

THEMISTHHÉE.

D'ou naît ta trifteffe ?

ISMENIAS.

Craignés de le fçavoir.

THEMISTHÉE.

Que dis-tu , malheureux ?

ISMENIAS.

Oui, je le suis, connoiffés ma foiblefse ;
Ne voyés plus en moi qu'un miniftre odïeux,
Qu'une trop fatale tendrefse
Va livrer au courroux des mortels & des dieux.

THEMISTHÉE.

Ignores-tu les maux où ta flâme t'entraîne ?
Faut-il rappeller à tes yeux,
Le jour qui t'engagea, par des ferments affreux,
A braver le Dieu qui t'enchaîne?

ISMENIAS.

Il n'eft que trop préfent à mon cœur amoureux,
C'eft le jour où je vîs Ifmene.
On la choisît dans ce funefte jour
Pour s'affûrer de mon indifference ;
Quand fa bouche me dît qu'il falloit fuir l'Amour,
Ses regards de ce Dieu m'annonçoient la puiffance :
Je jurai de le fuir ; hélas ! dans ces inftants
Ma défaite étoit déjà fûre.
Ifmene enfin reçut en même tems
Et le ferment & le parjure.

THEMISTHÉE.

Brife ta chaîne, éteins tes feux.
Ton cœur balance !

Déjà j'entends un dieu rejetter tous nos vœux....
Un roi jaloux, un peuple furieux,
Et ne respirant que vengeance....
Déjà la foudre gronde, & le courroux des Cieux
Nous force d'immoler l'ingrat qui les offense.
Arrache-moi, cruel, à ce spectacle affreux,
Brise ta chaîne, éteins tes feux.

ISMENIAS, *se précipitant dans les bras de son pere.*	THEMISTHÉE.
Ranimés mon foible courage, De l'Amour détruisons l'ouvrage, Dans mon cœur agité rétablissés la paix ; Je ne veux plus trouver d'atraits, Dans une flâme criminelle.	Ranime ton foible courage, De l'Amour détruisons l'ouvrage, Dans ton cœur agité viens rétablir la paix. Viens reprendre une âme nouvelle Dans un temple où l'Amour ne pénetra jamais.

THEMISTHÉE,

La gloire t'a parlé, vole où sa voix t'appelle.

ISMENIAS, *d'un ton ferme & assûré.*

Je vole où la gloire m'appelle.

FIN DU PREMIER ACTE.

ACTE SECOND.

Le Théâtre repréſente des bois conſacrés à Diane, ſous le titre de déèſſe de l'Indifference. On voit, dans le fond, le temple de cette déèſſe.

SCÉNE PREMIÉRE.

LA PRÊTRESSE *de l'Indifference*, CHŒUR *de* PRÉTRES.

LA PRÉTRESSE, avec le CHŒUR, alternativement.

RÉgne ſur nous, paiſible Indifference,
Ah, qu'il eſt doux de vivre ſous tes loix!
Tous nos cœurs, ainſi que nos bois,
Servent d'aſile à ta puiſſance.

Règne fur nous, paifible Indifference,
Ah, qu'il eft doux de vivre fous tes loix !

L'aveugle enfant que l'univers encenfe,
Gémit fans-cèffe au pied de tes autels ;
Tu reçois à fes yeux les vœux de l'innocence,
Et tu venges tous les mortels.

Règne fur nous, &c.

SCÊNE II.

LES ACTEURS PRÉCÉDENS, ISMENE.

ISMENE, feule.

O Vous, qui de l'Amour fçavés braver les traits,
Sauvés-moi de fon efclavage,
Dans des nœuds trop cruels il veut que je m'engage ;
Il m'arrache à ce que j'aimois ;
Je viens brîfer mes fers, je viens jouïr en paix
Des biens qui font votre partage.

LA PRÉTRESSE.

Pour vous admettre dans nos bois,
Il faut qu'à vos defirs la Déèffe applaudiffe ;
Venés à fes autels, par un prompt facrifice,
Mériter l'honneur de fon choix ;

Puiffe-

Puiffe-t-elle à vos vœux fe déclarer propice,
    Et vous l'annoncer par ma voix!

(*Elles entrent toutes dans le temple de l'Indif_*
                ference.)

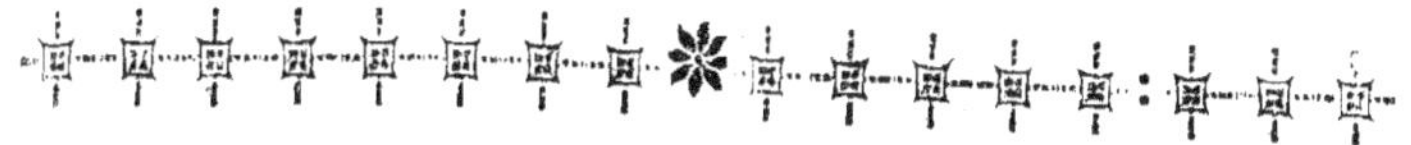

SCÊNE III.

ISMENIAS, feul.

CEt afyle eft dans l'univers,
Le feul impénetrable à l'enfant de Cythère!
Je fuis peut-être, hélas ! le premier témeraire,
Qui conferve en ces lieux l'empreinte de fes fers

        Raifon cruelle !
    Je veux rentrer fous tes loix;
    Pourquoi réfifter à ma voix,
        Quand je t'appelle ?
    Que tu me fers avec lenteur !
    Ton pouvoir n'eft qu'une ombre vaine :
    Aux premiers regards d'Ifmene,
Auffi foible que moi, tu fuirois de mon cœur,

        Raifon cruelle !
    Je veux rentrer fous tes loix;

                              D

Quand je t'appelle,
Pourquoi réfifter à ma voix ?

A vos autels, témoins de ma foibleffe,
Daignés, favorable Déèffe,
Raffûrer un cœur éperdu !
Ne fçauriés-vous qu'allarmer ma tendreffe ?
Ne pourrés-vous me rendre ma vertu ?

SCÈNE IV.

(*Le temple s'ouvre, & ISMENE paroît prête à prononcer fes vœux au milieu des PRÉTRESSES, qui tiennent le voile qu'elles lui deftinent.*)

LA PRÊTRESSE *du temple de l'Indifference*, CHŒUR *de* PRÊTRESSES, ISMENE, ISMENIAS.

ISMENIAS.

MEs vœux font exaucés, le temple s'ouvre.... o dieux !

Que vois-je ? c'eft Ifmene !

ISMENE,

Ifmenïas !... qui peut vous conduire en ces lieux ?

I S M E N I A S.

(*A Ismene.*)   (*A part.*)

J'y viens chercher la paix... Ah, je tremble à ſes yeux !

(*A la* Prétresse *, avec une aſſûrance forcée.*)

Me ſerois-je flatté d'une eſperance vaine ?

L A PRÉTRESSE *, avec le* Chœur.

Non, non; d'un doux eſpoir vous pouvés vous flatter.
A l'Amour diſputons la victoire !
Qui veut le fuir eſt ſûr de le dompter.

ISMENIAS et ISMENE *, à part.*

Non, non.

L E CHŒUR.

Qui veut le fuir eſt ſûr de le dompter.
Quand nous travaillons pour ta gloire,
O déèſſe, l'Amour peut-il nous réſiſter ?

Non, non, &c.

L A PRÉTRESSE.

A ma voix, accourés du ténebreux rivage,
Malheureux, que l'Amour fit gémir dans ſes fers ;
Venés, de vos malheurs divers,
De l'effet de ſes traits nous retracer l'image :

Puissiés-vous, comme à nous, apprendre à l'univers
A braver son esclavage.

(*La* PRÊTRESSE *de l'indifférence employe les exem-*
ples, de préférence aux leçons, pour ramener le
*calme dans le cœur d'*ISMENE *& d'*ISMÉNIAS *;*
& pour les éclairer sur les funestes effets de l'A-
mour, elle en retrace à leurs yeux l'image dans
les malheurs de Médée, de Jâson, & de Créuse,
qui font le sujet du Ballet suivant.)

+++

SCÈNE V.

(Le Théâtre représente une place publique de la ville
de Corinthe : on voit d'un côté le Palais
de Créon.

Les efforts que Jâson tente pour être fidele à ses
premiers sermens, la tendresse de Créuse qui
triomphe de tous ces efforts, la jalousie & les
fureurs de Médée sont les premiers objets de ce
tableau. Jâson accepte le trône & Créuse, & ré-
pudie Médée. La Magicienne, livrée à toute sa
douleur, a recours aux ressources de son art; elle
évoque les Enfers ; la Jalousie vient l'animer;
Médée frémit ; le Désespoir s'empare d'elle, la

livre à la Vengeance, & ces trois divinités infernales lui offrent le fer, le feu & le poison.
La magicienne répand sur un présent qu'elle veut
offrir à sa rivale, les venins les plus subtils, &
arrache des mains de la Vengeance un poignard
qu'elle destine à couronner ses crimes.

Le peuple de Corinthe se rassemble pour célebrer l'himen de Jason & de Créuse ; Médée, qui paroît étouf-
fer son dépit & pardonner à Jason son infidélité,
vient elle-même orner sa rivale du fatal présent
qu'elle lui destinoit. L'instant où Créuse reçoit la
coupe nuptiale est l'instant marqué par la magicienne pour faire éclater sa vengeance. Créuse
agitée, sent le poison couler dans ses veines. Médée,
sur un char traîné par des dragons, vient se re-
paître du plaisir de voir sa rivale expirante, jette
à Jason un poignard dont elle vient d'égorger
ses enfants ; le Désespoir s'empare de ce malheureux Prince, tandis que les ministres des fureurs de la magicienne enflâment & détruisent le
palais de Créon.

LE CHŒUR.

LEs plaintes, les larmes,
Les noires fureurs,

Sont l'effet des armes
Du tiran des cœurs.
Suivés nos exemples,
Aveugles Mortels ;
Jufques dans fes temples,
Brîfés fes autels.

(La Jaloufie, la Vengeance, le Défefpoir & leur
fuite, fe retirent.)

LA *PRÉTRESSE.*

Gardons un profond filence,
Diane va m'infpirer ;
Mon cœur rempli de fa puiffance,
Sur votre fort va m'éclairer.

(A ISMENIAS.)

» Ifmenïas, à l'amour le plus tendre,
» Vainement dans ces lieux on voudroit t'arracher ;
» Ifmene feule peut te rendre
» Le calme heureux que tu viens y chercher.
(A ISMENE.

» De ce cœur enflammé combattés la tendreffe ;
» Peignés-lui les tourments de l'empire amoureux,
» C'eft l'épreuve que la Dééffe
» Exige encor pour recevoir vos vœux.

(Elle rentre dans le temple avec les PRÉTRESSES.)

SCÈNE VI.

ISMENIAS, ISMENE.

ENSEMBLE, à part.

Dieux, quel oracle !... est-il possible ?

ISMENIAS, à part.

Ah ! quand l'Amour l'auroit dicté !....

ISMENE.

Eh ! par quelle fatalité
Ce cœur, que j'ai vu si paisible,
A-t-il perdu sa liberté ?

ISMENIAS, d'une voix tremblante.

Vous frémiriés de sa témérité,
Si je nommois l'objet qui l'a rendu sensible.

Qui croiroit que le Ciel vous choisît en ce jour
Pour m'inspirer l'indifference ?
Eh ! qui choisiroit-il pour servir sa puissance,
S'il vouloit m'inspirer l'amour ?

ISMENE.

Qu'ai-je entendu ?

ISMENIAS.

L'aveu de ma foiblesse.

Le Devoir, la Raifon, tout me doit accufer :
Armés-vous contre ma tendreffe.

I S M E N E.

Votre amour peut-il offenfer
Un cœur foible, qui le partage ?
Prête à peindre à vos yeux les maux qu'il peut caufer,
Je fens, en vous voyant, qu'il nous en dédommage.

I S M E N I A S.

Vous m'aimés !

I S M E N E.

Cet aveu doit-il vous rendre heureux ?

I S M E N I A S.

Ah ! n'arrachés point à mes yeux
Le bandeau qui les couvre encore ;
Vous m'aimés !... je vous adore
Eft - il un bien plus précïeux ?
Si ma flâme irrite les cieux,
Pour un moment fouffrés que je l'ignore.

Ah ! &c.

I S M E N E.

Veux-tu trahir nos peuples & les dieux ?

ISMENIAS.

I S M E N I A S.

Eh! mon fang répandu fuffit à leur vengeance.

I S M E N E.

Ton fang! ah, je frémis;... quelle eft ton efperance ?
Ignores-tu qu'en ces moments affreux
Pour jamais à Diane on confacre mes vœux.

I S M E N I A S.

Vous ne me cachés rien, cruelle,
De ce qui peut me rendre malheureux.

I S M E N E.

Ne pouvant être à toi, j'ai préféré ces nœuds
A toutes les grandeurs où ton rival m'appelle.

I S M E N I A S.

Et je perds un cœur fi fidele !
Dieux !

I S M E N E.

Eft-ce là ce calme prétieux
Que devoit te rendre Ifmene ?

L'Amour t'éloigna du devoir,
Que fa voix enfin t'y ramène :
Si j'ai fur toi quelque pouvoir,
Hâte-toi de brifer ta chaîne.

L'Amour, &c.

E

Pour t'ôter tout espoir, à la face des Cieux,
Je fais serment....

ISMENIAS.

Arrêtés, inhumaine....
Le Roi vient, justes dieux !

SCÉNE VII.

AZARIS, ISMENE, ISMENIAS.

AZARIS.

L'Amour au désespoir me ramene à vos yeux ;
Ma présence déjà fait naître vos allarmes !
Vous plaisés-vous, cruelle, à voir coûler mes larmes ?

ISMENE, *d'une voix tremblante.*

Les cœurs vivent en liberté
Dans cette retraite paisible ;
Je viens, s'il est possible,
Partager leur félicité.

AZARIS.

Si Diane agréoit vos hommages
Et vous recevoit dans sa Cour,

Bientôt ces paifibles bocages
Serviroient de temple à l'Amour ;
Croyés que votre indifference
N'ôte rien à votre beauté ;
Et pour avoir plus de fierté ,
Vos yeux n'ont pas moins de puiffance.

ISMENE.

Vous vous oppôfés vainement
Aux vœux que m'infpire mon zele.

ISMENIAS, *vivement à Azaris.*

A fes rimphes Diane annonce en ce moment
Si fon hommage eft digne d'elle.

AZARIS.

Ah ! je n'écoute plus qu'un tranfport furieux.
Dans ce temple, guidé par mon ardeur extrême,
Je vais implorer pour mes feux,
La déèffe qui veut m'arracher ce que j'aime :
Venés, vous me verrés la fléchir à vos yeux,
Ou m'immoler fur l'autel même
Où vous confacrerés vos vœux.

(*Il va pour entrer dans le temple.*)

SCÊNE VIII.

(*Le temple s'ouvre.*)

AZARIS, ISMENE, ISMENIAS,
LA PRÊTRESSE *du temple de l'Indiffe-*
rence, CHŒUR *de* PRÊTRESSES.

LA PRÊTRESSE *avec le* CHŒUR.

Témeraires, fuyés, n'armés point la colere
De la divinité qu'en ce temple on révere.

LA PRÊTRESSE *feule*, *à* ISMENE.

Et toi, dont l'Amour eft vainqueur,
Porte loin de ces lieux ton ardeur criminelle.
    » Cours au temple où l'Himen t'appelle ;
» Dans les nœuds que tu fuis vas chercher ton
» bonheur.

SCÈNE IX.

AZARIS, ISMENE, ISMENIAS.

ENSEMBLE.

Qu'entends-je ?

AZARIS, à *ISMENE.*

Quoi ! l'Amour a changé votre cœur ?

ISMENE.

Seigneur…

AZARIS.

Pourquoi me le cacher, cruelle ?
Le Ciel a trahi votre ardeur.

ISMENE, vivement à *AZARIS.*

Ah ? fortons de ces lieux.

AZARIS.

Venés, que rien n'arrête
Les chaînes que nos cœurs vont former aux autels.

(*A Ismenias.*)

Et vous , de Jupiter venés chanter la fête ,
Et recevoir nos ferments folemnels.

I S M E N I A S , *à part.*

Épargne-moi, maître des immortels ,
Ta foudre gronde fur ma tête.

FIN DU SECOND ACTE.

ACTE TROISIÉME.

Le Théâtre repréfente le temple de Jupiter, orné de différents tableaux à la gloire de ce dieu. On voit un autel pour l'hymen du Roi & d'Ifmene.

SCENE PREMIÉRE.

ISMENE, *feule.*

Tu m'as dicté tes loix, Deftin inexorable,
  Je vais en fubir la rigueur :
  Du-moins donne à mon foible cœur
La force d'accâbler un amant miférable,
  Dont je partage le malheur....
 Mes yeux, il faut donc vous deffendre
De chercher déformais mon bonheur dans les fiens !
  Que de pleurs vous allés répandre,

Quand les mains d'un amant ſi tendre
Vont ſerrer mes triſtes lïens !

Tu m'as dicté tes loix, *&c.*

Mais il vient, cachons lui mon trouble & ma douleur.

(Elle ſort.)

SCÊNE II.

ISMENIAS, THÉMISTHÉE.

THEMISTHÉE.

LE ciel enfin diſſipe nos allarmes ;
Le choix d'Iſmene aſſûre ton bonheur ;
L'infidélité de ſon cœur
Éteindra dans le tien l'ouvrage de ſes charmes.

ISMENIAS.

J'ai peine à croire encor qu'elle puiſſe changer ;
Je juge par mon cœur de celui de l'ingrate ;
Redites-moi cent fois qu'un autre amour la flatte,
En croyant vos diſcours , je crains de l'outrager.

THEMISTHÉE.

Quand l'Amour nous appelle à la grandeur ſuprême,
Sans peine il ſe fait écouter ;
Il ne plaît que trop de lui-même,
Quand la Gloire le ſert, comment lui réſiſter ?

ISMENIAS, vivement.

Non, ce n'eft point au rang qu'Ifmene facrifie
    L'efpoir qui flattoit nos amours;
Le feul defir qu'elle a de conferver mes jours,
Affûre à mon rival un bonheur que j'envie;
      Mais c'eft une barbarie
    Que de vouloir me fecourir
    Par une telle perfidie:
Il falloit oublïer les dangers de ma vie,
M'aimer, me le prouver en me laîffant mourir.

THEMISTHÉE.

Elle obéit aux dieux.

ISMENIAS.

        Eh! l'amour s'en étonne;...
Depuis que le Ciel force Ifmene à me trahir,
    Je la fuis, elle doit me fuir.
    Malgré l'éclat qui déjà l'environne,
Un regard de l'amour feroit encor rougir
    Ce front que la gloire couronne.

(*On entend une fimphonie qui annonce le moment*
  où le Peuple fe raffemble pour la fête de Jupiter)

    L'heure approche, l'air réfonne
De mille chants harmonïeux.

F

La trompette sonne ;
Peuples, accourés en ces lieux :

Venés, des vrais plaisirs, heureux dépositaires,
Bergers, venés sans crainte, approchés des autels.
Vos cœurs purs, vos vœux sinceres,
Sont sûrs de plaire aux immortels.

SCÈNE III.

LES MÊMES ; AZARIS ET ISMENE , *arrivent
enfemble , au milieu de la fçêue.*

*(Les Peuples fe rendent au temple , ainfi qu' AZARIS
& ISMENE , & chacun préfente fon offrande & fes
vœux aux autels de Jupiter. Cérémonies de la
fête de Jupiter.)*

UNE *BERGERE.*

Nous offrons les biens dont la Nature,
    Simple en fa parure,
    Orne nos vergers ;
Ce font les feuls dons qu'elle nous laîffe ;
    Ils font la richeffe
    De tous nos bergers.

                      (*On danfe.*)

Peuples, que vos tréfors & nos fimples guirlandes.
Soient fur un même autel , fans offenfer vos yeux ;
    Les biens qui nous fervent d'offrandes ,
    Sont l'ouvrage des mêmes dieux.
                    (*On danfe.*)

ISMENIAS.

Au Dieu qui lance le tonnerre ,
Offrés l'hommage de vos cœurs.

LE *CHŒUR*.

Au Dieu qui lance le tonnerre,
Offrons l'hommage de nos cœurs.

ISMENIAS.

Implorés ſes juſtes faveurs.
J'annonce ſa gloire à la terre.

LE *CHŒUR.*

Implorons ſes juſtes faveurs.
Annoncés ſa gloire à la terre.

ISMENIAS, avec le CHŒUR, & indiquant le
tableau de Jupiter dans l'Olimpe.

Quel éclat l'environne au trône des grandeurs !
Les Dieux de la terre & de l'onde,
Lui rendent les mêmes honneurs,
Le même encens qu'ils reçoivent du monde.

Au Dieu qui, *&c.*

ISMENIAS, faiſant voir le tableau de Jupiter
dans la cabane de Philémon & Baucis.

Ce Dieu qui regne ſur les Dieux,
Eſt-il, dans ces hameaux, moins grand que dans les
cieux.

(*Montrant Philémon & Baucis.*)

Cœurs bienfaifants, garants de fa bonté fuprême,
Il donne à vos bienfaits le prix qui leur eft dû,
Plus flatté des honneurs qu'il rend à la vertu
  Que de ceux qu'il reçoit lui-même.

AZARIS, *à* ISMENE.

  Couronnés enfin mon ardeur,
  Cédés à mon impatïence;
    Rien ne manque à ma puiffance,
    Mais tout manque à mon bonheur;
    Mon peuple vous fait connoître
    Qu'il applaudit à mon choix;
    Et les fujèts & le maître,
    Tout veut vivre fous vos loix.

ISMENE *à* ISMENIAS, *fans ôfer le regarder.*

Du Dieu qui dans fes mains tient le bonheur du
  monde,
    Implorés pour moi les bienfaits!
    Qu'à mes vœux fa bonté réponde!

ISMENIAS.

Vos defirs feront fatisfaits.

LE CHŒUR.

(*A Azaris & Ismene.*)

D'accord avec l'Amour, que l'Himen vous couronne.

(*A Ismenias.*)

A ces autels uniſſés deux amants.

ISMENIAS, qui s'eſt avancé lentement & les yeux baiſſés vers l'autel, dit d'une voix mal aſſûrée :

J'attends Iſmene.

ISMENE, *à part.*

Hélas ! la force m'abandonne.

AZARIS, en lui donnant la main & la conduiſant à l'autel.

Partagés mes empreſſements !

ISMENE.

Je vous ſuis.

AZARIS, *à l'autel.*

Jurons-nous une ardeur mutuëlle,
Iſmenïas, recevés nos ſerments.

*AZARIS; & ISMENE la main sur l'autel,
& détournant les yeux & de l'autel & d'*Ismenias.

Sur ces autels je jure......

*ISMENIAS à l'autel, n'ayant pas la force
d'achever, tombant de foiblesse entre les bras
de* Themisthée, *& interrompant* Ismene.

Osés-vous bien , cruelle,
Pour former ces coupables nœuds ,
Choisir l'amant le plus fidele ?

AZARIS, THEMISTHÉE , ISMENE.

Qu'entends-je, o ciel ?

ISMENIAS.

L'aveu d'une ardeur criminelle.

ISMENE.

Je me meurs.

THEMISTHÉE.

O mon fils !

ISMENIAS tombant dans les bras de son pere.

Mon pere!

THEMISTHÉE.

Ah , malheureux!

ISMENE, à ISMENIAS.

Cruel, tu veux mourir !

ISMENIAS.

Et pour une infidele ?

ISMENE, vivement.

Je ne l'étois que pour fauver tes jours.

AZARIS, à ISMENE.

Perfide , vous ôfés répondre à fes amours?
C'eft l'arrêt de fa mort.

ISMENE, à AZARIS, en l'arrêtant.

C'eft l'arrêt de la mienne.

AZARIS.

Il a trahi les Dieux.

ISMENE, très-vivement.

Ils fçavent fe venger.
Croyés-vous leur puiffance vaine ?

AZARIS.

A Z A R I S.

Je dois punir qui les ôfe outrager.

I S M E N E.

Vous ne le punirés que d'avoir fçu me plaire.

A Z A R I S.

Qu'on enchaîne à l'autel cet amant témeraire,
Qu'il périffe.

ISMENE, aux facrificateurs & au roi, en fe jettant alternativement à leurs genoux.

Arrêtés.

(*Avec* THEMISTHÉE.)

O ciel, protegés - nous!

(*On entend gronder le tonnerre.*)

A Z A R I S avec LE CHŒUR.

(*Au grand Sacrificateur.*)

Jupiter en courroux,
Demande vengeance,
Que l'ingrat qui l'offence
Tombe fous vos coups.

(*Des facrificateurs fe font affûrés d'*ISMENIAS, *&
l'ont enchaîné à l'autel ; ils portent la hache
facrée à* THEMISTHÉE, *& voyant qu'il n'a pas
la force d'obéir aux ordres du* Roi, *ces Sacrificateurs levent le bras pour immoler* ISMENIAS,
*& font arrêtés par la Suite de l'Amour qui pa-
roît dans le nuage qui s'entrouvre.*)

SCÈNE DERNIÈRE.

Les Acteurs précédents , L'AMOUR.

SUITE *de* L'AMOUR.

L' A M O U R.

(*Aux sacrificateurs.*) (*Aux peuples.*)

Arrêtés ! quelle aveugle rage
Anime vos cœurs en ce jour !
Jupiter n'est armé que pour venger l'outrage
Que vous ôsés faire à l'Amour ;
Voulés-vous qu'un mortel me refuse un hommage ,
Que me rendit cent fois le souverain des cieux ;
De mon pouvoir lui-même il vous offre l'image ;
Servir l'Amour, c'est imiter les dieux.

(*A ISMENE & à ISMENIAS.*)

Formés les plus aimables chaînes,
L'Amour va combler vos desirs,
Vous avés trop connu ses peines,
Connoissés enfin ses plaisirs.

G ij

L'*AMOUR*, à *AZARIS*.

Et toi qui de mes traits éprouves la rigueur,
Je ne veux pas que ton malheur
D'un jour si glorïeux terniſſe la mémoire ;
Dans ton âme mes feux ſe changeoient en fureur ;
Je les éteins, je te rends à la Gloire.

AZARIS.

La Raiſon dans mon cœur fait briller ſon flambeau ;
Du trait qui me bleſſoit quand l'Amour me dégage,

(*A ISMENE & à ISMENIAS.*)

Pour me rendre inſenſible aux biens qu'il vous préſage
Il faut que ſur mes yeux il ait mis ſon bandeau.

(*Aux Peuples, montrant l'AMOUR.*)

Peuples, que vos plaiſirs pour lui ſoient un hommage.
(*Il ſort.*)   (*On danſe.*)

(*Les peuples rendent hommage à l'AMOUR, & ſe
joignent aux Plaiſirs & aux Jeux pour célebrer
le bonheur d'ISMENE & d'ISMENIAS.*)

L'*AMOUR.*	ISMENIAS avec le *CHœUR,*
Je règne ſur les cœurs, leur bonheur fait ma gloire,	Tu règnes ſur les cœurs, leur bonheur fait ta gloire.
(*A ISMENE & ISMENIAS.*)	
Sur vous j'ai lancé tous mes traits ;	Sur nous tu lances tous tes traits ;
Un cœur ignore mes attraits,	Un cœur ignore tes attraits,
Quand il s'oppóſe à ma victoire.	Quand il s'oppóſe à ta victoire.
	(*On danſe.*

ISMENIAS, à l'Amour.

Permèts qu'un cœur animé par tes flâmes,
Célebre ton triomphe & chante tes bienfaits ;
Tu ne vois fous tes loix que des cœurs fatisfaits :
Le Bonheur, à ta voix, a volé dans nos âmes.

(Aux Peuples.)

Vous aurés pour vous tous les Dieux,
Si le dieu des plaifirs leur adreffe vos vœux ;
Il règne dans les cieux, ainfi que fur la terre :
Qui rend heureux le maître du tonnerre,
Doit obtenir pour nous un regard de fes yeux,
Permèts qu'un cœur, &c.

THEMISTHÉE, ISMENIAS,
et ISMENE.

Nous verfions des larmes
Quel moment fuccede à nos foûpirs !
Du fein des allarmes,
Naiffent nos plaifirs.

ISMENIAS à l'AMOUR.

Le Ciel à ta voix
Sufpend fes loix,
Permet que j'aime,
Tu defcends des Cieux,

Pour nous rendre heureux,
Pour les couronner toi-même;
C'eſt combler nos vœux;
C'eſt dire,
L'Amour ne deſire
Fixer, enchaîner un cœur
Que pour mieux aſſurer ſon bonheur.

LE CHŒUR.

Nous verſions des larmes, &c.

THÉMISTHÉE, ISMENIAS et ISMENE.

Nous verſions des larmes, &c.

L'AMOUR.

Vous verſiés des larmes,
Quel moment ſuccede à vos ſoûpirs!
Du ſein des allarmes
Naiſſent vos plaiſirs.

(*La Fête ſe termine par un Ballet géneral.*)

FIN.

APPROBATION.

J'Ai lu, par ordre de Monſeigneur le Chancelier, l'Opera d'*Iſmene* & *Iſmenias*, & je n'y ai rien trouvé qui puiſſe en empêcher l'impreſſion. A Paris le 29 Novembre 1770. DU CLOS.